OBSERVATIONS

EN FAVEUR

DES ACQUÉREURS DE BIENS D'ÉMIGRÉS,

ET EN FAVEUR

DES ÉMIGRÉS EUX-MÊMES,

CI-DEVANT PROPRIÉTAIRES DE CES BIENS ;

PAR M. BAROUD,

Auteur d'un Écrit portant le même titre, distribué aux deux Chambres, au mois d'août 1814, pendant la discussion de la loi sur les finances, du 23 septembre de la même année, et inséré au feuilleton de la Quotidienne, du 27 octobre 1814, N.º 149.

OBSERVATIONS

EN FAVEUR

DES ACQUÉREURS DE BIENS D'ÉMIGRÉS,

ET EN FAVEUR

DES ÉMIGRÉS EUX-MÊMES,

CI-DEVANT PROPRIÉTAIRES DE CES BIENS.

Les Émigrés dont les biens ont été confisqués et vendus ont irrévocablement cessé d'en être propriétaires ; ainsi l'a voulu la Charte constitutionnelle : mais, par une conséquence nécessaire, ils sont devenus créanciers d'une somme égale à la valeur de leurs biens nationalement vendus, et dont l'état a touché le prix : tel est le vœu de l'inflexible justice, et la charte n'y est pas contraire.

Cette vérité devait sur-tout éclater au moment où, la vertu remontant sur le trône de France trop long-temps désert ou profané, ce qu'il y avait de plus remarquable dans son cortége était la nudité des compagnons de son exil : au jugement même de ceux qui s'obstinaient à ne voir encore alors, dans ces serviteurs fidelles, que des bannis rentrés en grâce, puisque la patrie leur rouvrait ses bras, il était juste qu'elle leur rendît ce qu'elle avait reçu pour eux, en leur absence, et qu'elle cessât de retenir les dépouilles de ses enfans.

1 *

Iere EPOQUE.

Retour du Roi dans ses états au mois de mai 1814.

A cette mémorable époque, on vit la loyauté française chercher, avant tout, dans les débris de la fortune publique, le salut des créanciers de l'état; et la voix des défenseurs de cette cause privilégiée fut aussi la voix dominante dans les conseils du Monarque et dans les délibérations des deux chambres.

On procéda au recensement de toutes les parties de la dette arriérée; les contractans porteurs de titres contre le dernier gouvernement se présentèrent en foule, et tous, sans distinction d'amis ou d'ennemis, furent placés sous la garde de la foi publique. L'espérance de participer à cet acte de justice, ou, si l'on veut, de bienveillance universelle, était assurément bien permise aux ÉMIGRÉS DÉPOSSÉDÉS; et elle se réalisa, sans hésitation, à l'égard de ceux dont, par hasard, les biens n'avaient pas été vendus; ils y furent tous réintégrés : cette réintégration était, il faut en convenir, pour ceux dont les biens avaient été vendus, la meilleure garantie qu'il fût possible de leur offrir d'une indemnité équivalente à la restitution en nature; la condition des uns et des autres devait être semblable comme leurs droits et leurs malheurs : aux premiers on rendait leurs biens, aux seconds on devait rendre le prix des leurs; et ce prix devait naturellement figurer dans le tableau des dettes de l'état désignées sous la dénomination d'ARRIÉRÉ.

Ce tableau parut : il offrait un vide à combler de 759 millions, et il se composait de créances de toute nature, et de parties prenantes de toute religion; néanmoins, quelque lourd que le fardeau pût être, il semblait qu'il fallût s'en délivrer à l'instant même, et qu'on ne saurait ni payer assez tôt, ni porter assez haut le dédommagement du moindre retard : la bonne foi, dans cette circonstance, dégénéra en magnificence, j'ai presque dit, en profusion : pour accélérer le remboursement , ce n'était pas trop du sacrifice et de la vente immédiate d'une partie des bois de l'état; et ce n'était pas trop non plus de huit pour cent d'intérêt pour balancer le dommage de l'attente du capital; ainsi on peut croire qu'avec une telle ardeur de libération et de si généreux procédés , ce n'est pas seulement dans des vues d'économie que fut passée sous silence l'indemnité due aux émigrés dont les biens avaient été vendus : on savait déjà, au moins par aperçu , que cette indemnité , sagement calculée , n'excéderait pas de beaucoup le retranchement probable (officiellement constaté depuis) (1) qu'une vérification plus exacte opérerait sur l'arriéré provisoirement évalué à 759 millions.

---

(1) Au mois d'octobre 1815 , et lors de la présentation du budjet de 1816 , on avait déjà reconnu , d'après les états joints au rapport du Ministre des finances , que l'arriéré antérieur au 1.er avril 1814 , au lieu de s'élever à 759 millions , était au plus de . . . . 593,217,979 fr.

Dont il fallait retrancher :

1.º Pour créances provenantes de l'exercice de 1809 et années antérieures , dont le sort était réglé par la loi du 20 mars 1813 , et qui étaient remboursables en rentes sur l'état valeur nominale, ... 91,759,843 f.

2.º Pour payemens effectués en numéraire sur des recettes provenantes du premier trimestre de 1814 , ... 57,423,592

3.º Pour payemens faits en valeurs affectées à l'arriéré , ... 17,147,215

166,510,650

En sorte que l'arriéré auquel il y avait à pourvoir ne subsistait plus que pour . . . . 426,907,329 fr.

Sauf encore les retranchemens infaillibles à opérer à mesure de liquidation et d'apurement.

La différence de cette somme à celle de 759 millions était de plus de 330 millions; et le maximum du montant de l'indemnité des émigrés ne paraissait pas devoir s'élever à plus de 400 millions.

Dans ce temps-là, il est bien vrai, la personne des émigrés n'était plus hors la loi ; mais c'était, à peu près, le seul changement survenu dans leur condition : des méfiances simulées ou irréfléchies, de véritables inimitiés survivaient à leur disgrace, ou plutôt en prolongeaient la durée : la malveillance et l'envie rattachaient habilement à leur retour le retour imaginaire de servitudes éteintes et de priviléges abolis ; ne pouvant plus les éloigner, il fallait rendre leur présence suspecte en feignant de la croire dangereuse, écarter leurs réclamations et les isoler, pour ainsi dire, comme si l'air de la patrie eût été moins pur depuis qu'ils le respiraient : en un mot, la loi défendait bien de leur nuire, mais il était indiscret de les servir, et il eût été au moins superflu de provoquer la discussion sur l'indemnité dûe à ceux d'entre eux dont les biens avaient été vendus, si cette cause leur eût été purement personnelle : mais, par un de ces caprices du sort qui viennent quelquefois au secours de la mauvaise fortune elle-même, l'intérêt des émigrés dépossédés se confondait avec celui de leurs adversaires naturels, les nouveaux possesseurs de leurs biens nationalement vendus ; et, cette fois, il y avait parfait accord entre les lois absolues de la justice qui prescrivaient la réparation du dommage, et les variables commandemens de la politique qui voulaient l'irrévocabilité des ventes faites. Cette circonstance permit d'aborder franchement la question ; et le petit écrit qu'on va lire traversa la censure, sans doute à cause de l'obscurité de son auteur, et fut distribué aux deux chambres, dans le cours de la discussion du budget de 1815, et avant que la loi sur les finances du 23 septembre 1814 eût été rendue. Cet écrit fut, ce me semble, dans la prodigieuse et féconde activité de toutes les presses de ce temps-là, l'unique et stérile tribut qu'elles aient offert à la cause des émigrés dépossédés ; et la Quotidienne est le seul journal qui l'ait fait connaître, en l'insérant tout entier au feuilleton de son N.º 149 du jeudi 27 octobre 1814.

Suit la teneur de l'écrit :

La charte constitutionnelle, en déclarant, article 9, *toutes les propriétés inviolables*, a assimilé les acquéreurs de *biens nationaux* à tous les autres propriétaires; et elle n'a même fait aucune distinction entre les biens nationaux provenant des corporations ecclésiastiques ou autres, et ceux provenant du patrimoine des Français émigrés : la paix publique et la raison d'état n'ont pas permis d'exception.

Mais la loi suprême qui a décidé sans retour, comme question politique, cette question de propriété, n'a pas interdit à la puissance législative la faculté d'examiner, dans l'intérêt des acquéreurs, comme dans celui des anciens possesseurs, s'il ne convenait pas à l'état de pourvoir à l'indemnité des émigrés dépossédés; et si la nation française, après être intervenue par sa puissance pour sanctionner des aliénations faites en son nom, ne devait pas encore interposer sa générosité et sa justice pour réconcilier les anciens et les nouveaux propriétaires, et donner à ceux-ci un nouveau gage de sécurité dans la satisfaction qu'elle accorderait aux autres.

Ce sujet de délibération secondaire rentre lui-même dans les grandes considérations d'ordre public et de paix intérieure : on n'a garde ici de mettre en doute la soumission absolue de tous les Français à l'empire d'une charte donnée et acceptée pour leur bonheur; mais on peut néanmoins distinguer entre cette obéissance du devoir, purement passive dans ses sacrifices, et cet assentiment intérieur qui, mieux que l'autorité elle-même, assure le pouvoir des lois; or, dans l'état actuel des choses, on ne saurait attendre un pareil assentiment, ni de la part des émigrés ou de leurs héritiers, ni de la part des acquéreurs de leurs biens eux-mêmes.

Il est bien vrai que l'acquéreur ou le détenteur d'une propriété confisquée pour fait d'émigration, cultivera, sans crainte d'éviction, l'héritage dont la puissance publique lui a garanti la possession; mais sa pensée se reportera souvent vers les droits, les besoins et le malheur de ceux qui, dans l'ordre naturel, devraient posséder encore; sa tranquillité légale ne sera pas troublée, mais son cœur souffrira; sa jouissance sera imparfaite; et même au milieu d'abondantes récoltes, il sentira que des champs moins féconds, mais qu'il tiendrait de leur véritable maître, conviendraient mieux à son bonheur.

Vainement aussi la loi imposera respect et silence à l'ancien possesseur ; blessé par ses souvenirs, et tourmenté par sa situation présente, il jettera toujours des regards de tristesse sur un patrimoine qu'il n'a pas mérité de perdre ; il aura peine à comprendre qu'on ait pu en disposer sans son aveu, et qu'en rentrant dans sa patrie, il doive rester encore exilé de ses propres foyers et de l'héritage de ses pères.

Ce mécontentement réciproque des anciens et des nouveaux possesseurs, triomphera du temps et de la mort même ; de part et d'autre, on verra les générations se succéder et s'éteindre ; mais le monument de la confiscation subsistera et perpétuera, de race en race, les regrets de la famille expropriée, et l'inquiétude des détenteurs qui auront pris sa place.

En multipliant ce sujet de peine par le grand nombre de parties intéressées répandues sur le sol de la France entière, on trouve là une source éternelle de dissentimens et d'inimitiés qui ne tarderaient pas à dégénérer en troubles civils, si jamais les liens de l'autorité venaient à se relâcher ; et ce danger à part, l'opinion publique, de toutes les puissances la plus indomptable, continuera d'imprimer aux domaines confisqués sur les émigrés, le sceau flétrissant de leur origine, et de les placer en rang inférieur dans le commerce général des propriétés.

Combien donc ne serait-il pas heureux que l'état des finances permît d'extirper, à sa naissance, ce principe de haines sociales, et que la patrie elle-même, faisant les frais du sacrifice, pût réunir, par les liens d'une reconnaissance commune, les seuls de ses enfans entre lesquels il subsiste encore une cause plausible de mésintelligence et de discorde !

Et ce n'est point une vaine espérance, un vœu indiscret qu'on exprime ici : l'œuvre de réconciliation qu'on propose peut s'accomplir sans de trop grands efforts ; et la mesure des indemnités à accorder n'excède pas les bornes que l'intérêt et le soin de la fortune publique peuvent prescrire à la munificence de l'état.

Notions générales sur la valeur des biens confisqués et vendus pour cause d'émigration.

Si on jugeait de la consistance et de la valeur des biens vendus sur les émigrés par le nombre des individus inscrits comme tels dans tous les départemens, peut-être aurait-on raison de redouter l'obligation de rendre indemnes tous ceux que la loi de la confiscation a pu atteindre ; mais ce n'est pas sous cet aspect qu'il faut envisager la masse des biens qui ont été réellement vendus, et pour lesquels il y aurait lieu à indemnité.

Les causes suivantes ont considérablement réduit la matière des confiscations :

1.º Dans les premières années qui ont suivi la promulgation des lois rendues contre les émigrés, il s'est présenté peu d'acquéreurs pour acheter leurs biens, et tant qu'il y a eu d'autres biens nationaux à vendre, on les a préférés ; en sorte que, dès 1795 et 1796, beaucoup de Français momentanément expatriés ont reparu et ont repris possession de leurs propriétés.

2.º La plupart des maisons, hôtels et autres édifices que les émigrés possédaient à Paris et dans les grandes villes, ont été employés à former le siége des administrations et des établissemens publics ; on ne les a pas vendus ; et aujourd'hui on les restitue en nature à leurs propriétaires.

3.º Les bois d'une certaine étendue faisant partie des biens ruraux confisqués, ont été également conservés, et se restituent en nature.

4.º Les terres et seigneuries, qui faisaient la meilleure partie de la fortune des émigrés, comprenaient beaucoup de droits et revenus féodaux ; et la suppression de ces droits, indépendante de la confiscation, avait opéré déjà une forte diminution dans la valeur de cette nature de biens.

5.º Les biens confisqués étaient aussi, pour la plupart, grevés de charges et d'hypothèques ; les créanciers des émigrés sont devenus créanciers de l'état, et le plus grand nombre d'entre eux a requis et obtenu sa liquidation : ainsi il faut encore déduire, sur le prix des biens, la portion représentée par les dettes dont l'état s'est chargé et dont les émigrés ont été affranchis.

Tous ces objets de retranchement réduisent à un capital beaucoup moindre qu'on ne l'imagine communément, la valeur véritable des biens libres confisqués et vendus pour cause d'émigration.

Lorsque l'assemblée constituante déclara, en 1789, que les biens du clergé étaient à la disposition de la nation, on estimait que le clergé possédait environ un sixième ou un septième des biens du royaume, et on en portait la valeur à 2 milliards 400 millions.

Assurément la fortune présumée de l'universalité des émigrés n'équivalait pas au quart du montant des biens ecclésiastiques.

La noblesse française, celle au moins qui a fourni le plus de sujets à l'émigration (les princes de la maison de France exceptés), ne possédait qu'une très-petite portion des biens du royaume; beaucoup de militaires et de jeunes gens s'expatriaient; mais les pères de famille, retenus par l'âge, les infirmités, et l'espérance de conserver leur héritage à leur enfans, restèrent presque tous en France, ou y revinrent quand les proscriptions commencèrent à se ralentir, et avant que leurs biens fussent vendus.

Ce qui est resté soumis à la confiscation n'a plus formé que la moindre partie de ce qui avait été séquestré dans l'origine; et, dans le calcul des indemnités, ce résidu se diminue encore, comme on vient de le dire, du montant des droits seigneuriaux supprimés, de l'équivalent des dettes payées par l'état, et de la portion des biens conservés en nature.

Ce serait donc forcer l'estimation des biens LIBRES, vendus pour cause d'émigration, que d'en porter la valeur à 400 millions.

Admettons qu'il y en ait pour 500 millions, pour 600 millions, si l'on veut :

Il ne faut évaluer le revenu de ces 5 ou 600 millions, qu'à l'égal du revenu ordinaire des terres et biens-fonds, charges déduites, c'est-à-dire, à raison de 3 pour 100 par an, ou du denier 33 un tiers pour 100.

A ce compte, le capital de 5 ou 600 millions représenterait un produit annuel de 15 ou 18 millions.

Ce serait donc une rente perpétuelle de 15 ou de 18 millions qui formerait l'indemnité complète de tous les émigrés dont on a vendu les biens; et très-probablement, par l'événement de la liquidation, cette indemnité serait beaucoup moindre.

Balancerait-on à racheter, moyennant une aussi faible redevance, la dette contractée, au nom de l'état, par d'injustes confiscations ? La nécessité où l'on s'est trouvé de légitimer la possession des acquéreurs, n'emporte pas celle de méconnaître la créance des propriétaires. Les ventes ont été maintenues, parce qu'on a jugé que leur résiliation pourrait amener de grands désordres : mais en quoi la restitution du prix de ces ventes, ou le payement d'une indemnité équivalente, troubleraient-ils l'ordre de la société ? Il n'y a point là de familles à inquiéter, point de contrats à résoudre, point de déguerpissemens à provoquer; il y a seulement des créanciers à reconnaître et à satisfaire, et des créanciers d'un rang privilégié; car le versement fait au trésor du prix d'un bien ravi à son propriétaire, constitue, à la charge de l'état, une dette encore plus sacrée que celle qu'il a contractée envers un prêteur volontaire.

Mal à propos prétendrait-on que la charte constitutionnelle a prononcé, même implicitement, l'abolition de cette nature de dette : ce n'est pas la CONFISCATION, c'est la VENTE des biens d'émigrés seulement qui a été sanctionnée par la charte; la preuve en est que l'état restitue les biens confisqués et non vendus, et qu'il n'y a rien de statué, ni directement, ni indirectement, sur l'action en restitution du prix de ceux qui ont été vendus: l'art. 9 de la charte déclare, il est vrai, *inviolables* les propriétés appelées *nationales*; mais l'article 70 déclare *inviolable* aussi *toute espèce d'engagement pris par l'état avec ses créanciers :* la question se réduit donc, en dernière analyse, au point de savoir si celui dont l'état a vendu les biens et en a touché le prix, est *un créancier de l'état ?*

Et comme il suffit d'énoncer une semblable question pour qu'elle soit affirmativement résolue chez tous les bons esprits, par quels motifs serait-il possible, on le demande, de justifier la disgrace des

émigrés dont les biens ont été vendus , à côté de la satisfaction accordée à ceux dont les biens sont encore dans les mains de l'état ?
Quelle différence peut-il y avoir entre le droit des uns sur leur chose
elle-même , et le droit des autres sur le prix de ce qui leur appar-
tenait ? Dira-t-on que la valeur des objets à rendre en nature est
moindre que celle des restitutions à faire en argent ou en rentes ?
D'abord, l'éclaircissement de ce point de fait exigerait un inventaire
de tous les biens confisqués déjà rendus sous le directoire et sous
Buonaparte, et de ceux qui restent à rendre aujourd'hui ; mais si on
en est réduit à ne plus disputer que sur la quotité des indemnités
comparée à celle des restitutions en nature , il faudra donc, dans
la sentence qui rejettera le recours en indemnité , s'exprimer en ces
termes :

« Un malheur commun avait éloigné de leur patrie un grand
» nombre de Français ; ils rentrent tous aujourd'hui dans le sein
» de la grande famille , et tous ont un droit égal à la bienveillance
» et à la justice du Monarque et du pouvoir législatif ; la disposition
» arbitraire qu'on a pu faire de leurs propriétés , pendant leur
» exil, ne peut pas leur être imputée, et il est bien certain que
» si on les a vendues sans leur aveu , et qu'on en ait touché le
» prix, on leur doit ce prix à défaut de la chose vendue ; cepen-
» dant, vérification faite du montant des indemnités dont l'état se
» trouverait chargé par cet acte de justice, on a trouvé que ces in-
» demnités seraient d'une somme bien plus forte que la valeur même
» des biens non vendus et à restituer en nature ; et, par cette rai-
» son , les émigrés rentrant en France seront divisés en deux
» classes , savoir :

» Ceux dont les biens non vendus sont encore dans les mains
» de l'état , et ceux dont les biens ont été vendus.

» Les premiers seront réintégrés purement et simplement dans
» leurs propriétés ;

» Mais les autres perdront irrévocablement et leurs biens et le
» prix qui en a été versé au trésor ; il en coûterait trop à l'état
» pour les rendre indemnes. »

On défie de motiver la décision autrement que sur la raison

d'économie pour l'état ; mais, en ce cas, pourquoi n'avoir pas fait l'économie indistinctement aux dépens de l'une et de l'autre classe d'émigrés ? C'est une injure de plus envers ceux dont les biens ont été vendus, et à qui on refuse une indemnité, que la prédilection accordée à ceux dont le hasard seul a préservé les propriétés de la mise aux enchères, et auxquels on les restitue.

« *La justice imparfaite est encor l'injustice* (1), » a dit, en traitant le même sujet, l'homme sensible qui déplorait, en si beaux vers, les malheurs de l'émigration : il n'avait rien à recouvrer pour lui-même, mais il montrait d'avance à ses compagnons d'exil les jours de consolation et de justice qui luisent enfin sur la France ; et, en attendant, il mettait sous la garde de la PITIÉ, cette divinité des bons cœurs, leurs propriétés alors livrées à d'INIQUES ENCHÈRES.

Unissons nos vœux à ceux de sa muse touchante, pour que, dans le concert de bénédictions qui environnent aujourd'hui le trône, nulle voix plaintive ne se fasse entendre ; et pour qu'à l'avenir, les yeux fixés sur un héritage confisqué et vendu pour cause d'émigration, l'ancien propriétaire puisse dire : «JE N'AI RIEN PERDU», et le nouveau : «CECI EST BIEN A MOI.»

Paris, 20 *août* 1814.

Signé BAROUD.

La loi sur les finances du 23 septembre 1814 avait paru ; l'arriéré arbitré à 759 millions avait été déclaré remboursable en obligations royales payables dans l'espace de trois ans, et produisant intérêt sur le pied de huit pour cent par an ; 300 mille hectares de bois avaient été mis en vente pour assurer et pour hâter le payement de ces obligations ; et les créanciers de l'état, satisfaits et comblés, même en bénissant la loi du 23 septembre, avaient peine à croire à la possibilité de réaliser en si peu de temps tous ses bienfaits. Mais, ni dans la proposition, ni dans la discussion de cette loi, on n'avait été embarrassé par le surcroît de charges qu'aurait entraîné l'obligation de rendre aux émigrés la valeur de leurs biens vendus : les nouveaux possesseurs jouis-

---

(1) DELILLE, poëme de *la Pitié*.

saient en paix ; et les anciens, répandus sur la surface de la France, en parcourant le sol natal si long-temps interdit à leurs regards, revoyaient aussi quelquefois, mais comme simples spectateurs, ce qui, jadis, avait été leur héritage ; et, soit qu'il leur fallût passer debout, soit que, par la courtoisie du nouveau détenteur, le manoir de leurs premiers ans leur offrît encore un toit hospitalier, la loi qui protégeait ce nouveau détenteur n'en était pas moins respectée.

Tout-à-coup, de l'extrême midi de la France, un cri d'alarme se fait entendre, et porte au loin le désordre et l'épouvante ; l'auguste famille quitte encore une fois le palais des rois, et tous ceux qu'elle avait ramenés retournent, sur ses pas, aux terres étrangères, moins affligés de ce nouvel exil que des maux prêts à fondre sur la patrie qu'ils croyaient avoir retrouvée et dont ils n'avaient pu goûter que quelques instans les douceurs. L'Europe menacée s'ébranle de nouveau toute entière, la France est une seconde fois délivrée, et ses portes se rouvrent à son Roi et à tous les français.

IIe ÉPOQUE.

Second retour du Roi, derniers mois de 1815.

Cent jours, ou plutôt un siècle de calamités venait de peser sur la France ; son territoire n'était plus qu'un camp couvert d'armées étrangères ; tous ses produits semblaient devoir se résoudre en tributs ; et ses finances ne s'offraient plus à la pensée que sous l'image du chaos.

Mais, à la voix du Monarque replacé sur le trône de Saint-Louis, la Paix, cette fille du Ciel, descend encore au milieu de nous ; à de grands dangers succèdent, il est vrai, de grands sacrifices ; mais enfin l'ordre renaît, la rebellion ne trouve plus que des partisans obscurs, surveillés ou punis ; l'autorité légitime reprend son empire et l'exercice de ses droits ; toutes les branches de l'administration se relèvent, et on ne désespère pas de la restauration des finances.

Alors, comme l'année précédente, le sort des créanciers de l'état fut un des premiers objets de sollicitude et de délibération.

Il fut fait un nouvel inventaire de la dette arriérée ; elle s'était accrue, à cause du ravage des cent jours, de tout l'arriéré des neuf derniers mois de 1814 et de l'année 1815 ; et cependant elle n'excédait pas, à la date du 1.ᵉʳ octobre 1815, la somme de 625 millions (1) : mais à côté de cette somme de 625 millions, et en rang privilégié, venaient se placer 700 millions de contributions à payer aux étrangers dans l'espace de cinq ans, et les frais de la subsistance et de l'entretien de cent cinquante mille hommes de troupes sur nos frontières et dans nos places fortes pendant trois ans au moins.

Malgré ces nouvelles charges et le bouleversement opéré pendant

---

(1) On a vu ci-devant, à la note de la page 5, que la vérification faite au mois d'octobre 1815, avait réduit la consistance de l'arriéré antérieur au 1.ᵉʳ avril 1814, à . . . . 426,907,529 fr.

   Sur cette somme, il avait été payé en obligations
    royales, créées par la loi du 25 septembre 1814 , 56,029,020

   Restait , ... 590,878,509 fr.

Mais il s'était formé en nouvel arriéré, savoir :

1.º Pour les dépenses restant à acquitter sur les services
 des neuf derniers mois de 1814 , . 105,716,622 f.
2.º Pour les dépenses restant à acquitter sur l'exercice de 1815 , ... 150,433,000
            254,149,622

   Total de l'arriéré au 1.ᵉʳ octobre 1815, . . 625,027,951

(A part les 91 millions de créances de 1809 et années antérieures.)

Nota. Les élémens de ces calculs sont puisés, soit dans les états joints à la loi du 25 septembre 1814, soit dans le rapport fait par le Ministre des finances à Sa Majesté, au mois de décembre 1815.

l'interrègne, on réclama , en faveur des créanciers de l'arriéré, l'exécution de la loi du 23 septembre 1814 ; on voulait toujours qu'ils fussent remboursés dans un délai de trois ans , qu'il leur fût payé , à cause du retard , huit pour cent d'intérêt par an , et qu'il fût mis , à leur profit, de nouveaux bois en vente.

A l'égard des émigrés dépossédés, oubliés en 1814 , ils devaient l'être bien davantage après les désastres de 1815 ; et leur résignation à eux-mêmes se fortifiait encore par le spectacle des malheurs publics : j'eus occasion de la signaler dans un autre écrit (distribué aussi aux deux chambres , en février 1816 , pendant la discussion du budget de cette année 1816) où j'invitais , au nom des contribuables , les créanciers de l'arriéré à renoncer aux avantages de la loi du 23 septembre 1814, et à se contenter du mode de remboursement en inscriptions de rentes sur l'état au pair : après avoir, dans cet écrit , passé en revue tous les motifs qui me paraissaient devoir décider les créanciers de l'arriéré à cette espèce de concession, je terminai mon invitation par le passage suivant :

Suit l'extrait littéral de l'adresse des contribuables aux créanciers de l'arriéré du 27 janvier 1816 :

Enfin, Messieurs, si tant et de si puissans motifs n'obtenaient pas votre assentiment, et que, contre notre attente, il vous restât encore la pensée que vous ne pouvez, sans dommage, recevoir en payement, au lieu d'obligations du trésor à 3 ans, des inscriptions de rentes sur l'État, nous en appellerions alors à vos sentimens généreux ; et, s'il fallait les animer par des exemples, nous vous inviterions à contempler la noble résignation et l'honorable silence de cette classe de Français à l'égard desquels le nom et la qualification d'Emigrés ont été, alternativement, selon les temps et les lieux, et selon la langue qu'on parlait, ou un reproche, ou un éloge, mais dont les devoirs et les droits sont immuables aux yeux de l'impartiale justice : revenus des terres lointaines à la suite du Monarque chéri dont ils avaient partagé les malheurs, ils renonçaient, par son ordre, pour eux et pour les leurs, à pouvoir jamais inquiéter les détenteurs de leurs propriétés mises à l'encan ; et contens de respirer l'air d'une patrie où ils ne possédaient plus rien, mais qui renaissait au bonheur, ils faisaient, pour ainsi dire, à la paix publique, hommage de leurs foyers et du toit paternel : cependant, en cessant, par obéissance et par raison d'état, d'être PROPRIÉTAIRES de biens dont l'ÉTAT avait garanti la vente, ils devenaient CRÉANCIERS du prix de ces biens versé dans les caisses publiques ; et, à ce titre, l'espoir d'être indemnisés ne leur était pas défendu ; leurs droits, Messieurs, bien analysés, ne différaient des vôtres que comme ce qui a été ravi par la force diffère de ce qui a été volontairement confié : quelques voix s'élevèrent en leur faveur, et encore s'agissait-il moins de les satisfaire que de procurer, en les mettant hors de cause par de faibles indemnités, une possession plus invulnérable et plus paisible encore aux acquéreurs de leurs biens : la prévention, plus que la réflexion, écarta ces pétitions importunes, et ils ne s'en plaignirent pas : une seconde fois il ont été obligés de fuir la terre natale, ils l'ont retrouvée couverte de deuil, accablée de douleurs ; et, à l'aspect des maux qui la désolent, il semble qu'un oubli plus profond encore ait comme enseveli leurs propres peines et leurs privations personnelles, elles sont maintenant comme si elles n'existaient plus ; ou si, par intervalles, le sentiment du besoin réveillant en eux le souvenir de leur ancienne fortune, leur arrache quelques soupirs, ils se reprochent jusqu'à ces regrets intérieurs et inaperçus, et se hâtent de les expier en s'écriant, comme les habitans de l'Ouest, ou comme les membres de la Chambre actuelle des Députés : *VIVE LE ROI QUAND MÊME* (1) !

Cette exclamation, Messieurs, ce vœu, seront aussi les vôtres, quel que soit le mode de remboursement qu'on adopte à votre égard ; et l'État ne comptera plus, dans les CRÉANCIERS de l'ARRIÉRÉ, comme dans les CONTRIBUABLES, que des serviteurs dévoués et des sujets fidèles. VIVE LE ROI !

. . . .

27 janvier 1816.   Signé BAROUD.

____

(1) Discours de M. le comte de Bethisy sur l'amendement de la loi d'AMNISTIE relatif à l'expulsion des RÉGICIDES.

Ce ne sera pas, pour la France, aux yeux des nations étrangères et dans la postérité, son moindre titre de gloire que d'avoir, dans le même temps, subi l'épreuve de la plus énorme contribution dont jamais ait été frappé aucun peuple conquis et envahi, et fourni l'exemple de la plus inébranlable fidélité envers les créanciers de l'état : le moindre danger qui dût menacer les créanciers de l'arriéré, après le traité du 20 novembre 1815, était l'ajournement de toute délibération sur leur sort jusqu'au parfait acquittement des charges étrangères imposées par ce traité; cet ajournement ne fut pas même proposé; on ne voulut pas non plus se prévaloir de la nature plus ou moins recommandable des élémens dont s'était formé l'arriéré, notamment pendant l'interrègne de cent jours, et on en vota, de nouveau, la reconnaissance et le payement.

Il n'était plus possible, à la vérité, de s'acquitter en trois ans, de payer, dans l'intervalle, un intérêt de huit pour cent par an, ni de précipiter la vente des bois de l'état; mais l'acquittement intégral fut résolu, et la loi sur les finances du 28 avril 1816 porte que tout l'arriéré antérieur au 1.er janvier 1816 sera liquidé selon les lois existantes, et qu'il sera délivré aux créanciers liquidés des reconnaissances du montant de leur liquidation échangeables à volonté contre des inscriptions au grand livre de la dette publique; jusqu'à cet échange, les créanciers doivent recevoir l'intérêt de leurs créances à cinq pour cent par an, et ceux qui ne se feraient pas inscrire seront remboursés selon le mode qui sera fixé dans la session des chambres de l'année 1820.

Cette loi s'exécute avec fidélité, et le rapport du Ministre des finances sur le budjet de 1817 annonce que, du 1.er octobre 1815 au 1.er août 1816, il y a eu pour 65 millions de payemens faits sur la dette arriérée.

III.ᵉ Époque. — Novembre 1816.

Ouverture de la session des deux Chambres.

Un nouveau bilan vient d'être mis sous les yeux de la France, et la dette arriérée ou antérieure au 1.ᵉʳ janvier 1816 y figure pour 636 millions, en y comprenant, pour 96 millions, l'emprunt de 100 millions fait en 1815.

Mais le Ministre fait remarquer, dans son rapport, qu'au moyen des retranchemens probables qu'il indique, et *d'après les notions qu'il a recueillies*, il est fondé à croire qu'une somme de 400 millions suffira pour l'acquittement de l'arriéré. Aussi propose-t-il, *comme explication de la pensée, et comme complément de l'exécution de la loi du 28 avril 1816*, une disposition qui *règlerait*, dès à présent, *le mode de rembourse-ment de la dette arriérée, qui en garantirait le payement* INTÉGRAL, *et qui, en rendant les créances négociables, donne-rait aux créanciers les moyens d'en recouvrer les fonds avant l'échéance.*

Cette disposition consiste dans la délivrance à faire, *en 1817, aux créanciers de l'arriéré et aux prêteurs de l'emprunt de 100 millions, de reconnaissances au porteur produisant cinq pour cent d'intérêt, à compter de la publication de la loi du 28 avril 1816, et remboursables en rentes consolidées au cours commun des six mois qui précèderont l'année du rem-boursement; lequel remboursement s'effectuera par cinquième, d'année en année, à partir de 1821; avec faculté néanmoins auxdits créanciers et prêteurs, de faire inscrire immédiatement et définitivement, au grand livre de la dette publique, le montant de leur créance pour sa valeur nominale.*

On voit dans le rapport du Ministre, et dans les états qui l'accompagnent, avec quelle fidélité s'accomplissent les enga-gemens pris envers les puissances étrangères, et en même temps avec quelle ponctualité s'effectuent tous les payemens des services interieurs.

Mais il n'est fait, dans ce rapport, aucune mention de la créance des émigrés dont les biens ont été vendus. — Ainsi, tandis que le sort des autres créanciers de l'état s'améliore et se consolide par les mesures successivement prises pour leur liquidation et leur remboursement sous des formes équivalentes à un payement ACTUEL et INTÉGRAL, un oubli plus profond encore, un silence mortel, semblent vouer irrévocablement au néant les réclamations, les droits et les titres des émigrés dépossédés.

Et si ce n'était au moins que les autres créanciers de l'état qui fussent mieux traités qu'eux! Mais le délaissement qu'ils éprouvent devient plus pénible encore par la comparaison qu'ils peuvent en faire avec le sort des DÉBITEURS DE L'ÉTAT eux-mêmes.

J'appelle DÉBITEURS DE L'ÉTAT tous ceux qui, depuis vingt-cinq ans, ne se sont enrichis que comme suppôts ou complices de L'USURPATION, ou CONVENTIONNELLE, ou DIRECTORIALE, ou CONSULAIRE, ou enfin dite IMPÉRIALE, et qui forcés, à leur tour, de quitter la France, mais en emportant leur butin, présentent, dans leur fuite, au lieu des tristes images de dénuement et de misère qui, jusqu'à présent, avaient signalé la trace des ÉMIGRÉS français, le phénomène moins pitoyable d'une ÉMIGRATION DE SPOLIATEURS.

Ce serait un profond sujet de méditation pour le voyageur philosophe parcourant alternativement la France et les autres contrées de l'Europe, que le double spectacle qui s'offrirait à présent à ses regards!

D'un côté, sur tous les points de la France, il aurait à contempler de fidèles sujets du Roi, appelés autrefois, par leur naissance, leur éducation et leur fortune, à jouir de tous les avantages de la vie sociale, et à y occuper les premiers rangs,

aujourd'hui dépouillés de leur patrimoine à cause de leur fidélité même, et forcés de s'interdire tout recours en indemnité ;
mais cédant noblement à la raison d'état qui les condamne aux
privations et à l'indigence.

D'un autre côté, hors de France, et souvent non loin de nos
frontières, il rencontrerait d'autres français, indignes de ce
nom, nés, pour la plupart, dans des conditions obscures, les
mains teintes encore du sang des martyrs de la royauté, teintes
du plus pur sang des Rois, devenus grands propriétaires à force
de grands crimes ou de grandes bassesses, et jouissant paisiblement, aux yeux de l'Europe indignée, non-seulement des
bienfaits de l'hospitalité, mais encore de ceux du commerce qui
leur porte, chaque jour, les richesses de leur porte-feuille,
les revenus de leurs immeubles, même le prix de la vente de
ces scandaleux acquêts déclarés non confiscables ; se consolant
ainsi du mépris et de l'horreur qu'ils inspirent par l'opulence
qu'on leur laisse, et du reste inaccessibles aux douleurs de la
conscience, comme autrefois Mithridate aux atteintes du poison,
pour s'en être abreuvé toute sa vie.

Pourquoi ne restiez-vous pas en France ? dit-on quelquefois
aux émigrés, vous eussiez peut-être été de quelque secours au
Monarque et à la monarchie : mais, en leur tenant ce langage,
on oublie ou l'on feint d'oublier le grand nombre d'illustres têtes
qui se sont inutilement dévouées, et les flots de sang qui ont
coulé sans calmer la fièvre ardente des ordonnateurs de tant de
massacres : hélas ! sans l'émigration, il n'y aurait eu que des
crimes de plus et pas un malheur de moins ; la faux homicide
tranchait alors, par choix, les rejetons des plus belles tiges ;
et les noms révérés des Lamoignon, des Molé, des Fénélon,
des Colbert, n'ont pas pu, mieux que le grand nom de Condé,
garantir ceux qui en avaient hérité, du fer ou du feu des assassins : il n'en eût pas été préservé davantage l'héritier du

nom (1) de l'immortel ministre qui prépara le siècle de Louis XIV, et dont, au prix de la moitié de son empire, le fondateur de la puissance des Czars aurait voulu que le génie présidât à ses conseils; et nous ne verrions pas aujourd'hui, à la tête du ministère de France, un ÉMIGRÉ qui, comme le ministre de Louis XIII, a su mériter la confiance de son Roi, et le suffrage d'un Souverain faisant, ainsi que Pierre-le-Grand, la gloire de la Russie et l'admiration du monde.

Un autre noble pair, cher à la religion, cher aux lettres, préféra, jeune encore, dans ces temps lamentables, les déserts et les forêts de l'Amérique à cette *terre d'Europe qui*, pour me servir de ses expressions, *n'était plus que de la cendre détrempée de sang* (2); on ne lui en fera pas sans doute un crime, si on se souvient qu'alors la tête de son frère devenu, par son mariage, petit-fils du vertueux Malesherbes, tombait sous le couteau dégouttant encore du sang de sa jeune épouse, du sang de la mère, du père et de l'aïeul, traînés tous ensemble au même échafaud, et tous implorant à l'envi, de l'exécuteur interdit, la priorité du coup mortel (3).

On ne manquera pas de me dire, comme on l'a tant de fois

---

(1) Le Collége DU PLESSIS-SORBONNE dont le nom seul semble s'unir à la mémoire du cardinal de Richelieu, avait été converti en prison sous Robespierre; c'était l'antichambre de la conciergerie, le dépôt des accusés prêts à être traduits devant tribunal révolutionnaire, et c'est dans cette prison que madame la duchesse de Richelieu avait été transférée peu de temps avant la mort de Robespierre; elle devait être jugée, c'est-à-dire, condamnée et exécutée le 11 thermidor, et elle l'eût été en effet si Robespierre avait vécu deux jours de plus.

(2). Voir l'Episode d'Attala dans le Génie du Christianisme.

(3) M. de Malesherbes, M. et Mad. de Rosambo, son gendre et sa fille; Mad. de Chateaubriant sa petite-fille et son mari, ont été conduits, le même jour (le 22 avril 1794), dans la même charrette, au même échafaud, où ils ont péri tous ensemble, chacun d'eux demandant à mourir le premier.

répété : « hé ! pourquoi rappeler ces tristes souvenirs ? Pourquoi
» réveiller des haines ? » Mais je demanderai aussi pourquoi il
serait défendu, quand ce n'est pas le bras de la justice qui
frappe, de haïr les bourreaux et de s'attendrir sur les victimes !

Je n'en ferai pas valoir avec moins d'avantage des considérations d'un ordre supérieur, en ce qu'elles touchent à la propriété, ce lien principal de toutes les sociétés politiques, et dont
les droits ne sont jamais impunément méconnus.

Le Ministre des finances, dans son rapport au Roi sur le
budjet de 1817, en parlant des contributions indirectes, vient,
tout à l'heure, de s'exprimer en ces termes :

« *Le fléau de deux invasions successives, les calamités qui*
» *en ont été la suite, LA DÉFAVEUR ATTACHÉE A DE CERTAINES*
» *PROPRIÉTÉS, ont frappé d'immobilité beaucoup de transac-*
» *tions, et ont dû exercer une fâcheuse influence sur ses*
» *produits* (de l'enregistrement). »

C'est, en effet, un malheur véritable et général que la différence de valeur qui s'établit, dans un état, entre des champs
également fertiles, situés sous le même ciel, et protégés par
les mêmes lois : la paix publique, il est vrai, en est rarement
troublée, parce qu'il faut de plus grandes causes pour porter
atteinte à l'autorité légitime et à l'obéissance constitutionnelle ;
mais les intérêts du Prince et ceux de ses sujets n'en sont pas
moins lésés, et par la diminution des droits du fisc, et par celle
des fortunes particulières composées de domaines disgraciés
et dont communément les bâtimens détruits ou dégradés, les
bois rasés et la culture languissante et inanimée attestent la
mésestime et le dédain de leurs nouveaux maîtres eux-mêmes.
La propriété des acquéreurs de biens d'émigrés est inviolable,
nous le savons tous, mais nous savons tous aussi que la valeur
vénale et commerciale de ces biens est moindre que celle des
autres propriétés, et nous sommes bien forcés de reconnaître
la réalité de la DÉFAVEUR dont le Ministre des finances s'est
plaint dans son rapport à S. M.

4 *

Qu'il y ait lieu, par exemple, au partage d'une succession composée de biens patrimoniaux et de biens confisqués pour cause d'émigration, sans doute l'expertise légale assimilera, dans ses appréciations, les uns et les autres; mais cette impartialité d'estimation n'obtiendra pas l'assentiment des copartageans; et ils préféreront tous le lot purement patrimonial à celui qui ne comprendrait que des biens d'émigrés.

Cette distinction ne sera, si l'on veut, qu'un caprice, un vain scrupule, une erreur; mais cette erreur aura les conséquences de la vérité; et si, dans la religieuse Egypte, la piété envers les morts a pu souvent faire, d'une MOMIE, un véritable trésor, et donner ainsi une VALEUR au NÉANT lui-même, dans sa plus parfaite image, doit-on s'étonner que, dans nos mœurs, et par un effet inverse, le culte que nous rendons communément au droit sacré de propriété flétrisse la valeur d'un HERITAGE qu'on ne tient pas de son véritable maître? Je répète souvent le mot HÉRITAGE, et je desire qu'on le remarque; ce mot lui-même, si heureusement admis dans notre langue, comme synonyme et équivalent de la TERRE qu'on possède, n'offrirait aucun sens sous ce rapport, s'il ne confondait pas, dans son acception, et les droits du propriétaire, et les droits de l'héritier, droits en effet tellement unis, que la loi ne conçoit pas de transmission de propriété sans le consentement de l'un ou de l'autre, et si c'est une vente, sans que l'un ou l'autre en ait reçu le prix.

Les abstractions de la politique, les exceptions même commandées par le salut de l'état, ne sauraient effacer du cœur de l'homme cette idée première qu'il se forme de la nature du droit de propriété; et, encore une fois, si c'est une illusion de vouloir que les émigrés soient indemnisés avant que leurs biens puissent valoir autant que les biens d'origine patrimoniale, cette illusion est excusable, puisqu'elle dérive des grands principes de justice et d'ordre sur lesquels repose tout pacte social.

Aussi demandez aux grands propriétaires dont je parlais tout à l'heure et qui ont eu l'art ou le bonheur d'échapper à une confiscation (la plus légitime, sans contredit, qui eût existé dans tous les monumens de l'histoire) si, pour l'emploi de leurs capitaux, ils n'ont pas toujours préféré les biens patrimoniaux à des biens d'émigrés ! Ils ne voulaient de ceux-ci que quand on les leur donnait pour rien ; et, nonobstant la loi fondamentale de l'état dont la générosité protége et leurs têtes coupables et leurs fortunes mal acquises, le peu qu'ils possèdent en biens d'émigrés a contracté la double tache, et d'avoir été confisqué sur de bons français et d'appartenir à des régicides ; ce qui augmente d'autant, en cette partie, la DÉFAVEUR observée par le Ministre des finances.

C'est donc bien plus, je le répète, la cause des acquéreurs de biens d'émigrés que je défends, que celle des émigrés eux-mêmes : je veux que le caractère de PATRIMOINE imprimé par la charte à leurs acquisitions le soit plus profondément encore par le vœu spontané, je dirai plus, par l'applaudissement même des anciens propriétaires.

Je veux que, chérissant davantage et cultivant mieux leurs champs désormais purgés de confiscation, les fleurs qu'ils y cueilleront, à chaque printemps, exhalent aussi le parfum de la légitimité, et que nulle amère pensée ne corrompe, pour eux, la douceur des fruits de l'automne.

Je veux enfin que, l'émigré et le nouvel acquéreur se rencontrant, l'union de leurs mains, emblème de foi jurée, vienne ratifier et sceller de nouveau le contrat de vente, le mode de payement du prix et la tradition de la chose vendue ; et que leurs enfans et descendans respectifs puissent faire alliance entre eux sans qu'aucun sentiment pénible se mêle à la mémoire de leurs parens et à l'origine de leurs fortunes.

Mais pour que ce vœu louable et salutaire s'accomplisse, il est indispensable de faire succéder à la loi rigoureuse, mais de salut public, qui impose silence aux émigrés comme anciens propriétaires, une loi de consolation et de douceur qui les admette à se présenter comme créanciers.

RÉSUMÉ et CONCLUSIONS.

Les Émigrés dont les biens ont été confisqués et vendus sont incontestablement devenus créanciers de l'état d'une somme égale à la valeur de ces biens.

Le maximum de cette valeur ne paraît pas devoir excéder la somme de 400 millions, représentant, au denier 30, taux commun du produit des biens-fonds, un revenu net de 12 millions par an.

Cette somme de 400 millions aurait dû naturellement figurer, éventuellement et sauf liquidation, dans le tableau de l'arriéré présenté, en 1814, avec le budget de 1815.

Cet arriéré fut évalué alors à 759 millions ; si on y eût ajouté l'indemnité dûe aux émigrés, il se serait élevé à 1,159 millions ; et l'énormité de ce résultat pouvait être un obstacle à la reconnaissance de la créance des émigrés.

Une vérification plus exacte a réduit cette évaluation de 759 millions à 400 millions environ, en mettant à part 91 millions de créances de 1809 et années antérieures que la loi du 20 mars 1793 avait déclarées remboursables en rentes sur l'état.

Si cette erreur eût été reconnue avant la loi sur les finances du 23 septembre 1814, la réclamation des émigrés dont on avait vendu les biens aurait pu être écoutée sans défaveur ; mais la rectification n'a eu lieu qu'après les évènemens de 1815 ; et, à cette époque, les émigrés crurent devoir s'abstenir de toute demande en indemnité.

Aujourd'hui, le rapport du Ministre des finances au Roi sur le budjet de 1817 porte expressément que, *d'après les notions qu'il a recueillies, il n'est pas éloigné de croire qu'une somme de 400 millions suffira* pour l'acquittement de tout l'arriéré antérieur au 1.ᵉʳ janvier 1816 ; et cependant, les rentes inscrites, en payement de l'arriéré, du 1.ᵉʳ octobre 1815 au 1.ᵉʳ août 1816, ne montent qu'à 3 millions 100,000 fr., représentant, valeur nominale, un capital de 62 millions (*voir l'état N.° 3 annexé au rapport*).

Ainsi, à présent comme en 1814, et lors de la présentation du budjet de 1815, la totalité de l'arriéré, si on y comprenait le montant de l'indemnité dûe aux émigrés, n'excéderait pas 800 millions.

A la vérité, l'état est grevé de contributions étrangères qui, en 1814, étaient bien loin de notre pensée.

Mais ce surcroît de charges n'a pas empêché de déclarer, par la loi sur les finances du 28 avril 1816, que tous les créanciers de l'arriéré seraient payés sans réduction, en reconnaissances portant intérêt à cinq pour cent et remboursables selon le mode qui serait fixé dans la session de 1820.

Plus libéral encore que la loi du 28 avril 1816, le projet de loi qui accompagne le budget de 1817, veut que les créanciers de l'arriéré soient remboursés INTÉGRALEMENT ET SANS PERTE ; et, pour cela, il introduit un mode de payement dont l'ingénieuse combinaison a été tracée, sous des formes encore plus avantageuses, dans deux mémoires fournis au gouvernement, le premier en 1814 aux Ministres du Roi, et le second en 1816 à la commission du budget : d'après ce mode de payement, les créanciers de l'arriéré recevraient dès à présent, pour le montant de leurs créances, des reconnaissances de liquidation au porteur, productibles de cinq pour cent d'intérêt par an, et remboursables en rentes AU COURS, c'est-à-dire, en une valeur réalisable, à l'instant même, en numéraire et sans perte, dans les cinq années subséquentes à l'année 1721.

Il ne serait pas convenable que les acquéreurs de biens d'émigrés et les émigrés eux-mêmes cherchassent à se prévaloir de la satisfaction complète donnée aux créanciers de l'état, pour déranger les calculs et pour entraver les opérations du gouvernement dans la confection et dans l'exécution du budjet de 1817; mais, à l'aspect de cette plénitude de justice et de grandeur qui préside à l'acquittement des dettes de l'état, il leur est bien permis d'espérer que, dans la session actuelle, une loi sera proposée, qui déclarera, en principe, que les émigrés dont les biens ont été confisqués et vendus sont créanciers de l'état d'une somme égale à la valeur de ces biens, déduction faite des dettes payées en leur acquit, et qu'ils seront indemnisés selon le mode qui sera fixé dans la prochaine session.

Ainsi, à l'imitation de la nature, la puissance publique, exercée, à présent, par un Roi plein de sagesse, maintiendrait la parité de valeur entre tous les fonds de même espèce, cultivés sous le même soleil, dans l'étendue de sa domination ; et, à l'exemple de la justice, elle ne laisserait sans indemnité aucun dommage réparable.

Le sentiment des besoins publics peut bien, je le conçois, rendre moins favorable la réclamation faite ici dans l'intérêt commun des acquéreurs de biens d'émigrés et des émigrés eux-mêmes ; on desirera que l'examen en soit renvoyé à des temps meilleurs ; mais si la proposition d'en consacrer seulement le principe, dès-à-présent, était mise en délibération, il me semble qu'on ne trouverait d'argumens, pour la combattre, ni dans l'équité, ni dans la morale, ni dans la politique, ni dans aucune loi existante, ni dans la nécessité même : or, le moins habile défenseur peut toujours, avec confiance, embrasser une aussi bonne cause.

Lyon, *le 8 décembre* 1816.

Signé BAROUD.

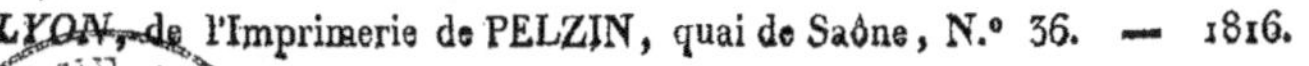

LYON, de l'Imprimerie de PELZIN, quai de Saône, N.° 36. — 1816.